Dieses Buch gehört

Liebe Eltern,

wir wollen Ihr Kind beim Lesenlernen unterstützen, und zwar mit Geschichten, die Spaß machen.

Unsere Bücher mit dem liebenswerten Leselöwen begleiten Ihr Kind durch die 1. Klasse und enthalten eine spannende Geschichte mit einfachen Sätzen. Viele bunte Bilder sorgen für Lesepausen und helfen, die Geschichte zu verstehen. Die große, gut lesbare Schrift wurde extra für Leseanfänger*innen entwickelt und ist auch für Legastheniker*innen geeignet. Mit den Aufgaben zum Text kann Ihr Kind selbst prüfen, ob es den Text richtig verstanden hat. Zu den markierten Wörtern warten am Ende des Buches spannende Fakten und in unserem Onlineportal finden Sie viele weitere Extras!

So wird Ihr Kind zum echten Leselöwen!

Ihr
Leselöwe

Jetzt geht es

los!

Leselöwen

Amelie Benn

Die Insel der magischen Pferde

Illustriert von Naeko Ishida

Ihre Meinung zählt!

Nehmen Sie jetzt an einer kurzen Elternbefragung
des Loewe Verlags teil und beeinflussen Sie
die zukünftige Entwicklung unserer Kinderbücher:

www.elternbefragung.online

Unser Kinderbuch-Newsletter bietet alle Infos zu Neuerscheinungen
und tollen Veranstaltungen, exklusive Gewinnspiele und vieles mehr!

Jetzt kostenlos abonnieren: *www.loewe-verlag.de*

FSC
www.fsc.org
MIX
Papier | Fördert
gute Waldnutzung
FSC® C018236

Klimaneutral
Druckprodukt
ClimatePartner.com/18521-2202-1001

ISBN 978-3-7432-1176-6
2. Auflage 2023
© 2022 Loewe Verlag GmbH, Bühlstraße 4, D-95463 Bindlach
Umschlag- und Innenillustrationen: Naeko Ishida
Umschlaggestaltung: Michael Dietrich
Vignetten Leselöwe: Angelika Stubner
Printed in the EU

www.leseloewen.de

Inhalt

Die magische Insel

Auf der Insel der magischen Pferde
gibt es klare Seen,
dichte, schattige Wälder
und sonnige Küsten.

Dort leben laubgrüne Waldpferde,
Einhörner, weiß wie Schnee,
sandfarbene Küstenpferde
und tiefblaue Seepferde.

Alle Pferde tragen Magie in sich:
Manche können Sand beschwören,
einige können fliegen,
andere mit Pflanzen sprechen.

Meistens sind hier alle
zufrieden, glücklich und froh.
Nur heute nicht,
denn die Königin ist krank.

Keiner weiß,
was der Königin fehlt
oder wie sie
wieder gesund werden kann.

Meras, das älteste Pferd,
ruft alle zusammen und sagt:
„Hört jetzt ganz genau zu!
Einst wurde etwas **vorhergesagt**:

Ist die Königin nicht gesund,
kann nur eins heilen die Wund':
der allmächtige Zauberstein.

Die Suche gelingt nicht allein.

Vier müsst ihr sein

und eure Kraft vereinen.

Erweckt den Stein aus seiner Ruh',
geheilt wird die Königin sein im Nu."

Alle magischen Pferde
sprechen aufgeregt durcheinander:
„Was bedeutet das?"
„Wer soll auf die Suche gehen?"

Da verkündet Meras laut:
„Die Königin hat
vier von euch auserwählt.
Zusammen sollt ihr den Stein finden."

Alle sind mucksmäuschenstill.
Meras blickt
zu Karun, dem Küstenpferd.
„Du bist auserwählt", sagt er.

„Du suchst den Stein mit
Walu, dem Waldpferd,
Era, dem Einhorn und
Sile, dem Seepferd."

Verwundert blicken sich
die vier Auserwählten an.
„Die Zeit drängt", sagt Meras.
„Ihr müsst sofort los!"

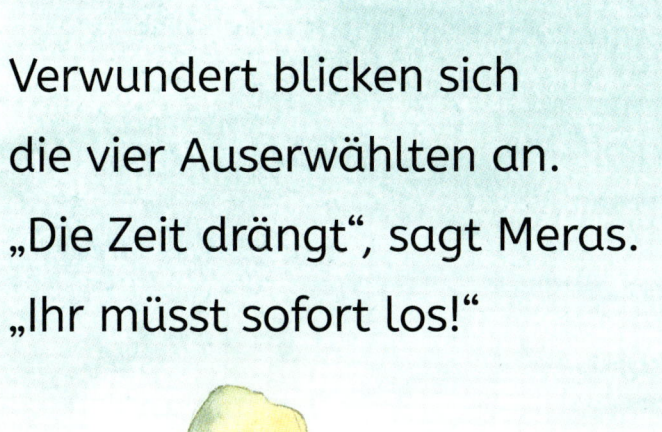

Die Murmelnde Quelle

Karun, Walu, Era und Sile
machen sich auf den Weg.
Sie traben über Berge und Täler,
an Küsten entlang und durch Wälder.

Aber nirgendwo können sie
den Zauberstein entdecken.
Era bittet die Bienen um Hilfe.
Doch sie kennen den Stein nicht.

Walu fragt die Pflanzen um Rat.
Doch selbst die ältesten Bäume
wissen nicht,
wo der Stein verborgen ist.

Karun trabt zur Kantigen Küste.
Doch auch die Möwen,
die sonst alles wissen,
haben nie vom Zauberstein gehört.

Als Letztes fragt Sile
die **Silberkarpfen** im Seelen-See.
„Geht zur Murmelnden **Quelle**",
raunen sie.

„Bei der Quelle lebt
die krächzende **Kröte** Karmina.
Sie hütet alle Zaubersteine,
die es auf der Welt gibt."

Sile tanzt vor Freude.

„Ich kenne die Quelle!",

sagt sie zu ihren Gefährten.

„Kommt, folgt mir!"

Endlich erreichen sie die Quelle.

Die alte Kröte Karmina

sitzt auf einem Stein

und wartet schon auf sie.

Der Zauberstein

„Ich weiß, warum ihr da seid",
krächzt Karmina.
Dann hüpft sie ins Wasser
und taucht bis zum Grund.

Als sie wieder auftaucht,
trägt sie den Stein im Maul.
„Den bekommt ihr im Tausch
gegen etwas anderes Magisches."

Die vier Freunde nicken
und verbinden ihre Magie.
Karun ruft etwas Sand herbei.
Era pflückt eine Feder vom Himmel.

Walu lässt Moos wachsen
und Sile zaubert eine Seerose.
Sie vereinen alles miteinander
und eine kleine Muschel entsteht.

Karmina tauscht den Zauberstein
gegen die magische Muschel.
Sie schimmert in den vier Farben
der magischen Pferde.

„Geschafft!", ruft Era
und nimmt den Stein an sich.
Die vier Freunde
eilen zurück zur Königin.

Die Königin liegt schwach
in ihrem Schloss aus **Diamanten**.
Era berührt mit dem Zauberstein
ihre goldfarbene Mähne.

Erst geschieht nichts.

Doch dann steht die Königin auf.

Sie atmet tief ein

und ist wieder ganz gesund.

„Da habe ich wohl
genau die Richtigen ausgewählt!",
sagt die Königin anerkennend.
„Ich danke euch von Herzen."

Karun, Walu, Era und Sile
sind überglücklich.
Und mit ihnen die ganze Insel
der magischen Pferde.

1. Findest du die Namen der vier auserwählten Pferde im Buchstabengitter?

W	U	S	W	E
A	E	R	A	I
L	S	I	L	E
K	A	R	U	N
E	R	I	K	O

Antwort: Karun, Walu, Era, Sile

2. Was für ein Pferd ist Karun? Bringe die Buchstaben in die richtige Reihenfolge.

KENTÜSDREPF

Antwort: Küstenpferd

40

3. Welcher Satz ist richtig? Kreuze an.

Erweckt den Stein aus seiner Ruh' …

☐ … die Königin wird gleich zur Kuh.

☐ … die Königin macht die Augen zu.

☐ … geheilt wird die Königin sein im Nu.

Antwort: … geheilt wird die Königin sein im Nu.

4. Wen treffen die Pferde an der Murmelnden Quelle? Kreise ein.

Antwort: Die Kröte Karmina

5. Was bekommt die Kröte im Tausch gegen den Zauberstein? Kreise das richtige Wort ein.

B E R N S T E I N S C H N E C K E M U S C H E L S E E I G E L

Antwort: Muschel

vorhergesagt (Seite 13):

Vorhersagen sind Annahmen darüber, was in Zukunft passieren wird. Das Wetter zum Beispiel ist gut erforscht. Deshalb kann man recht genau voraussagen, wie warm es morgen wird. Wenn jemand etwas vorhersagt, das eigentlich noch keiner wissen kann, nennt man das auch eine Prophezeiung.

Silberkarpfen (Seite 26):

Silberkarpfen gibt es auch in echt. Sie können bis zu 1,30 Meter lang werden. Am Bauch und an den Seiten glänzen sie silbrig, daher haben sie auch ihren Namen.

Quelle (Seite 26):

Eine Quelle ist ein Ort, an dem Wasser an die Erdoberfläche sprudelt. Man kann damit aber auch sagen, wo etwas seinen Ursprung hat. Etwa, wenn man etwas erfährt, dann gibt es für diese Informationen eine Quelle.

Kröte (Seite 27):

Kröten gehören zu den Amphibien. Sie leben an Land, aber ihre Eier legen sie im Wasser. Krächzende Kröten gibt es nicht in echt – aber es gibt über 600 verschiedene Krötenarten auf der ganzen Welt!

Diamanten (Seite 36):

Diamanten sind wertvolle Edelsteine. Ihr Name kommt vom griechischen Wort „adamas". Das bedeutet unbezwingbar. Diamanten sind nämlich das härteste Material der Welt. Man kann mit ihnen sehr harte andere Sachen schneiden, Glas zum Beispiel. Weil Diamanten geschliffen sehr schön glitzern, werden sie oft als Schmuck verwendet.

Blättere schnell um und trage die blauen Buchstaben in der richtigen Reihenfolge in die Kästchen ein!

Amelie Benn wurde 1974 in Süddeutschland geboren. Während ihres Studiums lebte sie zeitweise in Nepal, Israel und England. Dort besuchte sie viele magische Orte und sammelte Ideen für ihre Geschichten. Heute lebt Amelie Benn mit ihrer Familie in der Schillerstadt Marbach.

Naeko Ishida wurde in Japan geboren, kam mit drei Jahren nach Deutschland und studierte später an der Fachhochschule Münster Illustration. Sie arbeitet als freischaffende Illustratorin im Kinder-, Jugend- und Schulbuchbereich.

Das Leselöwen-Lösungswort

Besuche den Leselöwen auf
www.leseloewen.de und trage
die farbigen Buchstaben
von den Seiten *Schon gewusst?*
in der richtigen Reihenfolge
in die magische Box ein.

Wenn du das Lösungswort
gefunden hast, kommst du auf
die geheime Seite mit vielen
weiteren Spielen und Rätseln!

Der **Leselöwe** freut sich auf dich!

Jetzt online!